JN437391

귀천무(歸天舞)

귀천무(歸天舞)

흔꽃 지음

도서
출판 띠앗

머리말

삶의 궁극적 목적을 알고 싶었지만
그 무엇으로도 채울 수가 없었다
여인과의 사랑을 통해 채워보려고 했고
진리를 깨닫는 것으로도 채워보려고 했으며
세상에 대한 혁명을 꿈꾸기도 했다
하지만 채워지지 않는 목마름은 언제나 그대로였고
결국 다시 나 자신의 문제로 되돌아왔다
내 마음을 밝히는 것이 처음이며
인류의 마음을 밝히는 것이 마지막이라는 것을
어렴풋이 알아갈 무렵
마음을 밝힌 궁극적 인간의 구현을 理想으로 삼은
단군조선의 정치에서 미래의 길을 보았고
본성을 회복한 사람의 마음이 곧 하늘이기에
오늘도 영혼의 검을 휘두르며
자유의 씨앗을 품은 땅을 밟고
하늘로 돌아가는 춤을 춘다

차례

머리말 · 5

1부 사랑

戀歌 · 11 ▌소녀에게 · 12 ▌봄비 · 14 ▌이별, 그 깊은 방황 · 16 ▌哀傷 · 19 ▌힘겨운 날에 · 20 ▌사랑의 미소 · 22 ▌반쪽날개 · 24 ▌인내 · 26 ▌사랑을 위하여 · 28 ▌고독을 길들인 사랑 · 30 ▌입맞춤 · 32 ▌사랑꽃 · 33 ▌사랑꽃 가꾸기 · 34 ▌노래의 조건 · 35 ▌결혼 · 36 ▌슬픈 결혼 · 37 ▌아이 · 38 ▌빈쪽 · 39 ▌소녀와 시인 · 40 ▌나의 사랑 빈 하늘 · 41 ▌저주와 축복 · 42 ▌사랑의 기도 · 43

2부 빛

그대 안의 그대 · 47 ▌求道戰士 · 50 ▌하늘로 오르는 거북이 · 52 ▌영혼 한 송이 · 53 ▌聖人 · 54 ▌선택 · 55 ▌스스로 깨닫게 하소서 · 56 ▌칼춤 · 57 ▌不滅夢 · 58 ▌환한 웃음 · 59 ▌무욕의 미소 · 60 ▌부적 · 62 ▌자살 · 63 ▌恒心 · 64 ▌연꽃 한 송이 · 65 ▌無爲而化 · 66 ▌中道 · 67 ▌젊은 날의 자화상 · 68

▮ 月下醉夢 · 70 ▮ 詩 · 71 ▮ 詩를 쓰면서 · 72 ▮ 우선순위 · 74 ▮ 세 가지 힘 · 75 ▮ 도시의 숲 · 76 ▮ 어떤 날 · 78 ▮ 길 없는 길 · 80 ▮ 이제 다시 · 81

3부 님

님 · 85 ▮ 님의 덫 · 87 ▮ 검은 미소 · 89 ▮ 침묵의 향기 · 90 ▮ 만남 · 91 ▮ 부활 · 92

4부 이화세계

내 안의 神 · 95 ▮ 종교 · 97 ▮ 바느질 · 98 ▮ 중독 · 99 ▮ 神人類의 시대 · 100 ▮ 각성하기 · 102 ▮ 天國의 씨앗 · 103 ▮ 긍정의 지성 · 104 ▮ 하루 · 105 ▮ 地上天國 · 106 ▮ 단군조선 · 107 ▮ 韓민족의 꿈 · 108 ▮ 한민족의 恨 · 110 ▮ 天地花郞의 誓 · 111 ▮ 뿌리 없는 나무에 꽃이 피는가 · 112 ▮ 흔단고기 · 113 ▮ 무궁화 · 114 ▮ 理化의 꿈 · 116 ▮ 開闢前夜 · 118 ▮ 天符三印 · 119 ▮ 三足烏 · 120 ▮ 神檀樹 · 122 ▮ 一意化行 · 123 ▮ 人中天地一 · 124 ▮ 性通功完 · 126

1부
사랑

戀歌

내 마음 깊은 곳에
마르지 않는 신비의 샘

목마른 그대 입술
촉촉이 적시우네

꽃잎 사뿐히 떨어지는 봄아침에
그대 수줍은 미소는 싱긋생긋

꽃은 피고 지고 피고 지고
그대 미소는 피고 피고 또 피고

하나가 둘 되어 그립고 외로왔으나
둘이서 하나 되니 多情만 소복소복

그대 가슴 가득
피어오르는 사랑의 향

고독한 나의 영혼
살포시 감싸안네

소녀에게

생을 아름답게만 살기에는
너무나 거친 세상에 태어난
소녀여

살아가는 의미조차 희미해지고
자신의 존재조차 확신할 수 없는
생의 회의가 찾아올지라도
잊지 말라
소녀여
밤은 아침을 맞이할 작은 기다림일 뿐임을

친구와의 재잘거림 속에서도
마음 속의 연인에게조차도
왠지 모를 허전함이 찾아올 때
갈망하라
소녀여
삶의 깊은 곳에서 흐르는 마르지 않는 샘물을

우리가 가진 모든 것들을 잃어버릴지라도
참사랑을 갈구했던 영혼의 불꽃만은 꺼지지 않고
우리의 어두운 밤들을 밝혀 주리니
기억하라
소녀여
바람에도 꺼지지 않는 불꽃이 있음을

눈보라가 온통 세상을 휩쓸 때조차
우리들 가슴 깊은 곳의 희망은
그 빛을 잃지 않고 더욱 반짝이리니
꽃 피워라
소녀여
12월의 눈물 속에 싹트는 순수의 사랑을

봄비

겨우내
메마른 가지가
안타깝더니

오늘
문득
봄비가 오네

겨우내
날개 접힌 파랑새가
애처롭더니

오늘
문득
봄비가 오네

겨우내
시린 별빛
그 꿈마저
얼어버려

내
깊은 눈물도
얼어버린 줄
알았더니

오늘
문득
내리는 봄비에

시냇물 한 줄기
가슴을 흐르네

세상의 일을
어찌 다
알라마난

오늘은
모두 잊고서
봄비에
젖고 싶네

이별, 그 깊은 방황

모든 희망이 사라져버린 밤의 바다에서
양날을 냉정하게 세운 사랑의 劍은
나의 심장을 그렇게도 수없게 조각내어 버렸습니다

온 생명의 기운이 어둠으로 빨려 들어가고
높은 비상을 꿈꾸어 왔던 새하얀 날개는
산산이 그 뼈가 뿌러진 채
새빨간 피로 축축히 젖어 갑니다

가장 사랑해 온 神에게조차
독한 저주를 퍼붓고 싶을 만큼의
어리석은 상처를 가득 안고서
바닥 없는 어둠 속으로 추락하고 있습니다

후우-
자비로운 하늘이시여
당신의 한없는 아름다움의 생성력으로
고이도 단장시켜
적적한 나의 바다를 애교스런 춤으로
미소 함빡 찰랑이게 하던

새악시의 빠알간 볼 같은 아침해도
진정 다시는 볼 수 없는 것입니까

당신의 입김이 산들바람 되어
나의 온 몸을 간지럽히면
춤추던 두 팔은 찬란한 날개로 변해
살랑거리는 금빛 하늘을
기쁜 노래의 가슴으로 날아다녔건만

비수 같은 애수의 소낙비는
모든 신비의 힘을 상실케 하고야 말았습니다

오-
빛의 소중함을 일깨우시는
어둠의 聖母시여
진실로 이 고통은 빛으로 인도하기 위한
그대의 깊은 배려일 뿐입니까
하지만 지금 슬픔으로 물든 나의 두 눈에는
빛조차 어둠으로 휘어져 들어오고 있습니다

죽음의 죽음조차
용솟음치는 생명의 사랑으로
새롭게 잉태시키는 불사의 새여
여기 절망의 피만이 흘러 다니는
가련한 영혼이 기도하옵나니
그대 뜨거운 불길로
마지막 세포 하나까지 태우시어
이 끝없는 어둠 속에서 벗어나게 하소서

哀傷

예전엔 겨울별을 무척 좋아했었죠
차가와도 순결한 고독이었으니까요

하지만 이제는 아니예요
따사아한 봄햇살을 아프도록 바라는걸요

임 가신 겨울별은
애틋한 눈물만 더욱 보태니까요

힘겨운 날에

절망만이 뜨겁게 작열하는
사막의 한가운데 떨어진 빗방울 되어

바다를 향한 꿈조차 꾸지 못한 채
허허히 증발해 버리는 것인가

온 가슴을 불사르며 올린
사랑꽃을 피우기 위한 기도는

조그마한 별도 되지 못한 채
한 줌 연기로 흩어져 버리는 것인가

나
삼켜지는 피눈물로 맹세하노니

기필코
사막을 피 돌게 하는 푸른 강물로 흘러

적도의 숨 막히는 태양에도
북극의 살을 베는 눈보라에도

초연히 여신의 향기 드날리는
한 송이 사랑의 꽃을 피우리라

사랑의 미소

완성되지 못한 나의 劍은
사랑의 미소를 지키지 못한 채
처절히 부서져 버렸습니다

생명은 나의 심장으로 스며들지 못하고
먼 하늘에서 집 잃은 아이마냥
발을 동동 구르고 있습니다

아직은 남아 있는 한 조각 힘을 모아
잃어버린 미소를 되찾기 위해
다시금 부서진 劍을 움켜잡습니다

어리석은 자만이 나의 팔을 벤 것입니까
성급했던 술잔이 나의 다리를 벤 것입니까
사랑을 탐한 욕심이 나의 심장을 벤 것입니까

진정코
하늘과 땅의 모든 지혜를 담아
내 영혼의 용광로를 뜨겁게 달구어

한 떨기 붉은 사랑혼을 불사른
초극한 수호의 劍을 완성시켜
아름다운 사랑의 미소를 되찾고야 말겠습니다

반쪽날개

헤어진 채로
고개 떨군 세상

혼자서라도 비상해 보려는 몸부림은
힘겹게 세상을 퍼덕이는 초라함으로 변해 간다

홀로는 완성될 수 없게끔 한 것은
다양함을 좋아하는 神의 얄궂은 시련일까

너 또한 반쪽의 날개만으로는 비상할 수 없을 텐데
지금은 서로 반쪽씩의 날개를 준비하는 땅의 시절인가

아직은
내 속에서
빛나지 않는 빛으로 자리잡고 있는 너와

어쩌면
네 속에서
어둡지 않은 어둠으로 자리잡고 있을 내가

서로의 자리에서
서로의 빛을 밝혀 주는 시절이 오면

우리는 한 쌍의 찬란한 날개로
여지껏 묶여 왔던 땅의 법칙을 힘껏 박차 올라

함께 새로운 하늘로 飛上하리라

인내

헤어짐의 독한 칼날은
피 멎을 만큼 아문 상처를
다시금 날카롭게도 터트려 버립니다

반복되는 피 흘림은
주제넘은 욕심에 대한
神의 영원한 단죄입니까

진정 나를 버린 사랑이
또 하나의 버림의 사랑과 만나기에는
혹독한 겨울이 너무 짧았던 까닭입니까

숨 막히는 좌절과 희망을 위한 몸부림 속에서
아직도 나의 생명이 지탱되고 있음은
피워내야만 하는 꽃 한 송이 때문입니까

차마 사랑에 대한 욕심마저 버리기에는
나의 두려움이 너무나 컸었기 때문인데
부여잡았던 황금꽃은 화살이 되어 박혔습니다

떠오르는 아침해를 맞이하기엔
내 어둔 골짜기가 너무나 깊어졌지만
깊어진 골짜기만큼 높아져 갈 정상을 생각하며
다시금 터진 상처를 굳게 동여맵니다

사랑을 위하여

사랑의 장미를 꽃피우려는 이여
그 가시에 상처 입을 것입니다

심장 깊숙이 커다란 가시가 뚫고 들어가
온 몸으로 붉은 피를 콸콸 흘릴 것입니다

하지만
오! 진정 이대로 죽음이 찾아온들
어찌 미련이 남겠습니까

깊은 잠 속에서 태어나
깊은 잠 속에서 죽어 가느니
차라리 사랑의 가시에 찔리운 채

참회의 핏방울을
뚜욱 뚝 흘리며 깨어가는 죽음이
훨씬 참답지 않습니까

사랑을 위하여 가시를 피하지 않는 이여
누가 그대를 어리석다 할 수 있겠습니까

그 깊고 깊은 곳에서 피어나는
절정의 꽃을 위해서라면

미소 머금은 채
온 심장으로 가시를 끌어안겠습니다

고독을 길들인 사랑

폐허의 폭풍우여
비록 그대가 나의 두 날개를 꺾었으나
날고자 하는 의지만은 그대의 몫이 아닙니다

상처는 가질 수 없었던 집착의 자상이었을 뿐
헤어 나올 수 없었던 추락의 깊이도
내 영혼이 달아나고자 하는 만큼만이었습니다

아직 남아있는 상처들이
예고도 없이 애수의 현을 울리곤 하지만
이제 그 울림마저도 투명해져 갑니다

가슴을 모두 찢긴 이별을 받아들이고
죽을 것 같은 홀로됨까지 껴안은 후에야
사랑은 사랑이었음을 눈물로 미소 짓게 하였고

쫓아가기만 했던 숨바꼭질 사랑이
걸음을 멈추고 나에게로 돌아선 순간
내 안에서 기다리던 고독의 사랑에 눈을 떴고

차차 고독을 길들인 사랑의 나무는
가슴 깊이 만남과 헤어짐의 층을 뚫고
사랑 그 자체의 층에 영원의 뿌리를 내립니다

입맞춤

가슴가슴 가득가득 피어나는
그
달금달금한 향기

황홀황홀 시공간도 터져버리는
그
자릿자릿한 떨림

사락사락 춤추듯 타오르는
그
하늘하늘한 꽃불

가을바다에서 사알퐁 올려지는
둘
하나되는 靈結式

사랑꽃

황금으로만 빛나는 집에서는
숨을 쉴 수가 없습니다

왕관만이 가득한 집에서는
숨을 쉴 수가 없습니다

오!
진정 황금왕관은
스스로를 질식사 시키고야 말 것입니다

생명은
오직
사랑의 꽃으로부터만
산소를
취하는 법

집집마다
가슴마다
사랑의 꽃을 가꿉시다

사랑꽃 가꾸기

추운 겨울 칼날 같은 바람에도
초연히 무궁의 봉오리를 벌리는

찬연한 여신의 꽃

하늘나라 향기 내뿜는
시들지도 않는 꽃을

우리들 가슴뜰에
알뜰히 가꾸어 나가는 것

그것은
겨울세상에 봄을 가져오는

극치의 예술

노래의 조건

어린 아가의 손때 묻은
종이왕관은 노래할 수 있지만
피 묻은 황금왕관을
노래할 수는 없습니다

아이스크림을 사는 아가의
오백원짜리 동전은 노래할 수 있지만
돼지똥내 나는 황금지폐를
노래할 수는 없습니다

가난한 농부의
갈라터진 두 손은 슬픔으로 노래하여도
탐욕스런 투기꾼의 퉁퉁한 손을
노래할 수는 없습니다

아무 것도 소유한 것 없는
살아있는 사랑은 노래할 수 있지만
모든 것을 갖춘 죽은 사랑을
노래할 수는 없습니다

결혼

결혼이 두 남녀가
해야만 하는 것보다
두 남녀 사이에서
저절로 일어나는 축제였음 좋겠다

결혼이 두 남녀가
이러저러한 조건들의 만남이 아니라
서로에게 진실된 자유와 순수의 사랑을 줄 수 있게끔
언제나 벌거숭이 첫만남이었음 좋겠다

결혼이 두 남녀가
서로 다르다는 것만 알아가는 것이 아니라
각자 자신의 반원을 그림으로써
하나의 완전한 원이 이루어져 가는 것이었음 좋겠다

결혼이 두 남녀가
서로만을 위하는 닫힌 생활이 아닌
서로에게서 세상 모두를 비추어 보며
한없이 사랑을 넓혀 가는 열린 생활이었음 좋겠다

슬픈 결혼

사랑을 모르는 사람들의 욕망은
사랑이라는 이름을 빌려
모든 자유의 날개를 꺾어 버리고

공개적으로 합리화된 소유는
당연한 권리의 행사인 양
서로의 영역을 끝없이 짓밟아 가며

홀로 설 수 없는 나약함은
진실한 사랑의 길을 포기한 채
스스로 새장 속에 갇혀 있다

사랑을 알지 못한 채
결혼을 하는 이들이여
그대는 정녕 두렵지 아니한가

아이

아이를 두는 기쁨이
그대의 소유욕이라면
그 기쁨은
서로에게 독의 씨앗

아이의 육신은
보살피되
영혼은
자유롭게 할 것

그대는 육신의
부모일 뿐
영혼의 부모는
아이의 미래여야 하기에

빈쪽

항상
사랑일기장 한 쪽을
새하얗게 비워 두어야지

첫 눈이
오는 날을 위해

아님
생명이 다하는 그 순간까지

해맑은 사랑 이야기를
새로 채우기 위해

소녀와 시인

새가 되고 싶다던 소녀
소녀의 나무가 되고 싶다던 시인

겨울이 오던 날의 헤어짐

나무가 되어 버린 시인
새가 되었기를 바라는 기도

외로움이 익숙해져 가던
어느 봄이 오는 날의

찡한 미소로 번지던 재회

……

이제는 새가 되고픈 시인
시인의 나무가 되고픈 숙녀

나의 사랑 빈 하늘

임이시여
그대가 나의 심장을 베고 떠난 이유는
애증의 껍질 속에 교묘히 숨겨져 있는
불멸의 사랑을 싹트게 하기 위함입니다

임이시여
내가 싫어져 떠난 날 흐르던 눈물은
다시 만나는 날의 꽃을 준비하기 위한
기다리는 영혼의 눈부신 씻기움입니다

임이시여
순간적인 이별 뒤의 기나긴 홀로됨은
서로에게 기대는 만남에서
서로를 바로 세워줄 수 있는 만남으로의
성숙한 사랑을 위한 준비된 여정입니다

임이시여
그대를 향한 나의 사랑은
언제나 비어 있는 하늘입니다
끊임없이 변해 가는 우리 사랑을
넉넉한 미소로 감당하게 하는

저주와 축복

사랑을 모른 채
生을 마감하는 삶
이보다 더 큰
저주가 있단 말인가

사랑 속에서
生을 보내온 삶
이보다 더 큰
축복이 있단 말인가

사랑의 기도

사랑이 되게 하소서
쾌락을 좇는 눈 먼 나의 욕망이
자신마저 태우는 수레바퀴를 멈추고
욕망의 굴레를 벗은 자유의 사랑이 되게 하소서

사랑이 되게 하소서
임을 소유하고자 하는 위험한 사랑이
서로를 베어버리는 양날의 검을 버리고
있는 그대로를 바라보는 관조의 사랑이 되게 하소서

사랑이 되게 하소서
의무감으로 무거워진 세상에 대한 사랑이
그 가련한 짐을 모두 벗고서
아가가 되어도 좋은 순수의 사랑이 되게 하소서

사랑이 되게 하소서
현재에 머무르지 못하는 나의 사랑이
지금 이 순간에서만 타오르는 자각의 불길 속에서
과거와 미래가 사라진 현존의 사랑이 되게 하소서

2부

빚

그대 안의 그대

세상이라는 거대한 조직 속에서
아침에 눈을 뜨면서부터
피곤에 지친 밤에 눈을 감을 때까지
기계적인 일상의 삶 속에
파묻혀 버리는
가련한 혼들이여

날이 지날수록
더욱 새롭게 깨어나야 하건만
일상의 무거운 짐은
그대 영혼을 지치게 하고
무디어진 감각으로
낮에도 어둠 속을 헤매게 만드나니

하여
자신도 모르는 사이
죽음의 문턱에
한 걸음씩 다가서고 있으니

깨어나라
그대 안에 잠들어 있는 그대여

어찌
삶이 어둠이 될 수 있단 말인가

두 눈을 감고
우리들 속에 흐르고 있는 神의 강줄기에
숨결을 조율하자

기계적인 일상의 삶을
아름답게 변화시킬 신비의 열쇠는

오직
그대 안의 그대 뿐

그대 안의 그대와 하나가 되는 길이
神의 바다에 이르는 유일한 항로일지니

깨어 있어라
그대
神의 나침반을 놓치지 않도록

求道戰士

세찬 바람은 불어
세상은 미친 파도가 되어 나를 덮칩니다
애처로운 나의 劍은 파도를 가르지 못하고
무기력하게 부서져 버립니다

부서진 劍을 부여잡고
다시 한 번 휘둘러보지만
파도는 이미 나의 온 몸을 찢어버렸습니다

반항의 劍을 힘껏 잡을수록
세상은 더욱 거센 파도가 되어
나를 마음껏 비웃어 버립니다

흘러내리는 피눈물은 약한 인간의
운명지어진 어리석음일 뿐입니까

알 수 없는 곳에서 떨어져 나와
유리 같은 劍 한 자루만을 의지한 채
부서지기만을 거듭하는 나의 영혼은
영원한 神의 사생아일 뿐입니까

휴식 같은 죽음은 너무나도 사치스러운 듯
오직 저항과 끝없는 패배만이
어둠을 밝히지 못하는 자의
유일한 속죄의 길입니까

들으소서
비록 태산 같은 강철파도에
영원토록 부서질 수밖에 없는 것이
神께서 나의 자만을 질책하여 내린 벌이라 해도

생명의 불꽃이 한 조각이라도 타오르고 있는 한
나의 반항스런 劍은
언제나 神의 심장을 겨눌 것입니다

스스로 神이 되는 그 날까지

하늘로 오르는 거북이

한 걸음 한 걸음씩
우직하게 세상의 파도를 넘으며
가슴 속에는 언제나 여의주를 품고 있더니

마침내
하늘로 오르는 거북이

영혼 한 송이

하나의 생명으로 태어나
저마다 깨우쳐 가야 할
대신할 수 없는 구도의 춤

수많은 시행착오를 거치며
궁극의 목적을 위해
오늘도 떨어지는 하나의 꽃잎

헤아릴 수 없는 계절이 지나
칼날 같은 최후의 꽃잎이
섬광처럼 사라져 버리고

마침내
우주 속으로 녹아 든
불멸의 영혼 한 송이

聖人

싸늘히 식어 있는
영혼의 심지에

하늘나라의 불을
지르고 다니며

잠든 세상을 일깨우는
유쾌한 방화범

선택

자기만을 위한 물건을 구하는 데 너무 애쓰지 말라
비싼 차와 큰 집을 구한 만큼
그대 가슴 속 사랑의 정원은 빛을 잃을지도 모른다

사랑의 정원이 빛을 잃는 만큼
세상도 점점 생기를 잃어 황폐한 사막이 되어간다

죽어있는 것들을 소유하기 위한
살아있는 자들의 투쟁은 얼마나 가여운 몸짓인가

물질은 사람을 위해서 존재하고
사람은 사랑을 위해서 존재하거늘
사랑은 사람에 의해서 파괴되고
사람은 물질에 의해서 파괴되고 있다

아! 날카로운 칼끝에 묻은 꿀을 위해
무모한 비행을 하는 불나방들이여

물질의 소유를 택한다면 자멸할 것이요
사랑으로서의 존재를 택한다면 진화할 것이다

스스로 깨닫게 하소서

단군 · 부처 · 예수 · 노자 · 짜라투스트라…
수없이 많은 밝은 분들
그러나 그들의 밝음은 그들의 밝음일 뿐
스스로 깨닫게 하소서

한계에 부딪칠 때마다
무기력하게 쓰러지는 아득한 절망감
그러나 다른 무엇에도 의지할 수는 없는 법
스스로 깨닫게 하소서

해를 향해 나아가며
또 하나의 해가 되고자 하나
어둠의 함정은 끝이 없는 것

그러나 그 끝을 밝혀 가는 것이
참생명의 바른 나아갈 길
스스로 깨닫게 하소서

칼춤

칼 속에 꽃이 숨었는가
꽃 속에 칼이 숨었는가

아하하

꽃인 듯 칼이어라
칼인 듯 꽃이어라

不滅夢

꿈은 죽지 않았다
세월 속에 갈가리 찢겨져 나가고 상처 입었어도
탈출구가 보이지 않는 미로 같은 시스템 속에서도
수많은 현실주의자들의 비웃음 속에서도
한 번도 이겨본 적 없는 점철된 패배 속에서도
목숨이 끊어지는 찰나에서조차
꿈은 아직 죽지 않았다
꿈은 죽지 않는다
스스로의 좌절마저 넘어 선 곳에서
꿈은 언제나 실존한다
보여지는 세상이란
보이지 않는 꿈의 그림자일 뿐이기에

환한 웃음

환한 웃음을 잃은 사람은
죽어 있는 시체와 똑같다

환한 웃음을 잃고서
세상과 영생을 얻느니

세상과 영생을 포기하고서
환한 웃음을 지어 보이자

무욕의 미소

삶의 거친 파도를 당당히 제압한
해맑은 미소 지으며 사는 어른이
너무나 부족한 세상

살아야 하는 참이유를 상실해 버린
눈 먼 사람들의 탐욕은
스스로의 어둠을 넘어
세상 가득 그 음울한 그림자를 드리우나니

오호
어둠을 쫓아낼 빛은
정녕 먹구름 속에 파묻혀 버리는 것인가

사람의 삶이라는 것은
어둠을 밝히는 끝없는 여정

온 우주에 어둠만이 가득하다 해도
주어진 영혼의 밝은 빛을 밝히는 것이
살아 왔던, 살고 있는, 살아야 할
목숨의 天命일지니

저마다의 욕망에 가려져 있는
본래의 마음을 닦자
탐욕의 때가 묻은 마음의 거울에
무욕의 환한 미소가 비칠 때까지

부적

다른 부적이 있을 수 있단 말인가

힘껏 참사랑 세상을 갈망하며
언제나 뜨겁게 살아 타오르는
가슴 속 간절한 혼불을 제외하고서

자살

자충수만을 거듭 두는
자만스런 컴퓨터 같은 머리여-

참된 삶으로 활활 타오르는
뜨거운 심장 속에서 죽어버려라!

恒心

변덕스런 내 마음

그 마음만은
변덕스럽지 않으니

변덕 없는 그 마음을
가만히 바라보니

변덕이 부끄러운 듯
살그머니 자취를 감추네

연꽃 한 송이

세상은
끝없는 문제투성이예요
계속해서 문제는 만들어지고
끊임없이 해답을 찾아야만 하지요
학교에서, 직장에서, 가정에서, 절이나 교회에서조차
치러야만 하는 시험, 시험, 시험
사람들은 스스로 문제를 만들어 내고는
해답이 어렵다고 화만 내지요
꼬리를 무는 질문과 대답에 지쳐 쓰러져
그 의심하는 마음마저 사라졌을 때
문득

피어나는 연꽃 한 송이

無爲而化

탐욕이 날뛰는 세상에서

태풍의 눈처럼 살아간다

사랑의 질서를 유지한 채

中道

어떤 날에는
악마가 천사만큼 매력적으로 보인다

어떤 날에는
천사가 악마만큼 매력적으로 보인다

천사만 있다는 것은
따분하다

악마만 있다는 것도
따분하다

다행히
천사는 악마가 존재할 때만

악마는 천사가 존재할 때만
제대로 존재할 수 있다

그리고 사람들은
천사와 악마가 서로 사랑하게 하는

하나님의 길을 가야 한다

젊은 날의 자화상

태양을 지향하는 나의 영혼은
자유의 날개를 잉태하여
이 땅을 박차고 하늘로 날아오르고자 하지만
탐욕의 손은 나의 심장을 굳게 움켜잡고
성욕의 쇠사슬은 끊임없이 나의 다리를 끌어내린다
자유를 향한 의지와
날 수 없는 현실 사이에서
영혼은 갈기갈기 찢겨져
점점 피투성이가 되어 가고
고개를 들 힘조차 상실한 나는
하늘을 잊은 채 신음하는 가슴을 쳐다본다
스스로를 파괴하는 이 미친 전쟁은
나의 죽음으로써만 끝낼 수 있는 것인가
태양을 향한 머리를 베어 버리고
탐욕과 성욕의 술잔을 마음껏 비우며
짐승 같은 세상에 무릎이라도 꿇어야 할까
그러나 내 영혼을 포기하기에는
나의 자긍심이 너무나 강하지 아니한가
언젠가는 고통스런 분열의 시간들도
어둠의 껍질이 깨어지는 날
추억 같은 거름이 되지 않을까

한 번도 펼쳐본 적 없는 자유의 날개지만
한 번도 밝혀본 적 없는 내 안의 빛이지만
한 번도 피워보지 못한 사랑의 꽃이지만
미지의 것일수록
청춘의 피는 더욱 끓는 것이 아니던가
젊은 날의 상처들은
영혼의 더 높은 성장을 통해서만 치유되는 것이기에
죽음과 패배의 술잔을 떨쳐 버리고
다시 한 번 고개를 들어 세상을 향해 포효한다
숙적을 눈 앞에 둔 시베리아의 호랑이처럼

月下醉夢

달 기우는 밤
술 취한 벗의 정겨운 어깨

情을 상실해 가는 세월 속
한 잔 한 잔 훈훈해지는 가슴 속

현실에 꺾여
접어두었던 꿈조각들

달빛 아래 깨어나
술잔 가득 나비나비

저 달 다시 기우는 밤
꿈 익은 술로 한 잔 또 한 잔

詩

언어를 통한
진리에의 의지

진리에 비친
삶의 정화

진리와 하나되는
영혼의 자유

언어로 새겨지는
진리의 그림자

언어가 사라진
침묵의 창조

詩를 쓰면서

다른 목적을 위해
시를 쓸 수 있겠는가
시란 진리를 포착하는
神의 눈동자일 뿐이기에

오염된 심장에서 공급된 피가
어찌 시가 될 수 있겠는가
시란 빛과 사랑을 위한
정화의 노력이기 때문에

자신의 시를 알아주는 이가 없다 해도
무슨 상관이 있겠는가
제 흥을 못 이기는 만취한 노래는
혼자서도 우주의 무거워진 어깨를
덩실덩실 춤추게 하지 않는가

취한 시마저 사라진다 해도
무엇이 달라지겠는가
보이는 모든 것은
보이지 않는 곳으로 돌아가고

진리의 깊은 바다에는
여여한 침묵만이 감도는 것을

우선순위

나를 알지 못한 채 밥을 먹는 것은
누가 밥을 먹는 것일까

나를 알지 못한 채 사랑을 하는 것은
누가 사랑을 하는 것일까

나를 알지 못한 채 뛰는 심장은
누구의 심장이 뛰는 것일까

나를 알지 못한 채 찾는 신은
누구의 신을 찾는 것일까

삶의 의미를 제대로 알기 원한다면
나를 아는 것이 가장 우선이다

세 가지 힘

아랫배에는 의지의 불을 지핍시다
가슴에는 사랑의 꽃을 피웁시다
머리에는 진리의 빛을 밝힙시다

하여
언제나 미소 짓는 참사람이 될 수 있게끔
언제나 웃음 넘치는 참세상을 만들 수 있게끔

도시의 숲

오늘도 콘크리트 더미 속을
개미떼들처럼 기어 다니는
도시의 아침

하늘과 땅을 잊어버린 채
인위적인 가공의 산더미에 파묻혀
점점 기계화 되어가는 일상

도시의 어느 곳에서도
영혼의 불꽃은 타오르지 않고
가두어진 시스템 속에서
서서히 질식사하는 수많은 영혼들

별조차 그 빛을 잃어버린
타락한 도시의 밤은
새장 속에 갇힌 슬픈 영혼의 흐느낌

화려한 탐욕의 불꽃을 향해
뒤돌아보지 않는 무모한 질주는
또 한 번의 아픈 자멸로 치달을진대

순수의 시절을 기억하는 영혼들이여
이제 탐욕의 수레바퀴를 멈추고
스쳐 지났던 우리들의 가슴 속에서
부화되기만을 기다리고 있는 자연의 알에
사랑의 숨결을 불어넣자

가식적인 인형의 껍데기를 깨고
태양을 가로지르는 자유의 새가 되어
빌딩들이 나무처럼 춤을 추고
도로가 강물처럼 노래할 수 있도록

어떤 날

할 일도 없고
만날 사람도 없고
외롭고 심심한 날은

내 안의 산을
오르기 좋은 날

온종일
사랑하는 자신을
찾아 헤매다

산 속에서
길을 잃어버려도
좋은 날

가장 소중한 것이
있을 수 있는 장소는
내 안 밖에 없고

가장 소중한 것을
느낄 수 있는 시간은
지금 이 순간 밖에 없으며

찾아 헤맨 자신이
찾아지는 자라는
지혜의 눈을 뜬다면

바로 그 순간
심장이
기쁨으로 두근거림을
느낄 수 있는

행운의 날

나 혼자
찾고 있는 것이 아니라
모두가
찾고 있음을 알 수 있는

열림의 날

길 없는 길

道人을 찾아 갔더니
나더러 승려 되어라 하네

나
아무 말 없이 미소만 가득 짓네

나
승려 되지 않고 부처 될 거라네

아니
사실은 부처 목이나 베어볼까 하네

그런데
부처는 목이 없네

부처도 없네

……

道人을 찾지 않게 되니
道가 나를 찾아오네

이제 다시

반복되는 일상에 갇혀
나의 영혼이 바위처럼 굳어져 갈 때

바다로 가자

자유를 갈구하는 내 안의 절규와
자아를 깨뜨리는 무아의 파도가 어우러져

두텁던 바위
산산조각 부서져 나가고

잃어버린 미소를 되찾는다

다시
일상에서 미소 점점 엷어져 가고
어둠의 벽이 사방에서 옥죄어 올 때

바다로 가자

바위가 단단해질수록
내 영혼의 포효와 적멸의 파도도
더욱 거세지나니

하여
최후의 껍질이
정수리로부터 깨어지는 날

찬란한 해는 정오에서
빈 바다에 빛결 치고
해맑은 미소는 가슴 속에서
영생을 얻을지니

이제 다시
일상으로 가자

3부

님

님

님은 우리의 무한한 근원입니다

님은 하늘에 빛으로도 계시옵고
이 땅에 흙으로도 존재하시고
우리들 속에 참사랑으로도 살아가십니다

님은 깜깜한 밤에도 나아갈 수 있게끔
달빛 같은 지혜를 주시옵고
허욕의 거친 파도를 단숨에 가르는
불타는 의지의 칼을 들게도 하오시고
아주 오랜 겨울을 이겨낸 가슴에
터질 듯한 목련 같은 사랑을 한아름 꽃피게도 하십니다

님은 하늘나라의 으뜸으로 살아가사
이 땅 위에도 님의 나라를 세워
우리와 하나되어 더불어 살아가시기 위해
쉼 없는 사랑으로 참생명들을 일구어 나가십니다

님은 새롭게 태어나는
해맑은 아가의 두 눈 속에도 깃드옵고
거칠 것 없이 세상을 포효하는
청춘의 끓는 피에도 깃드시고
떨어지는 꽃잎의 마지막 해탈춤에도
살포시 깃들어 계십니다

아우-ㅁ
모든 존재의 깊은 곳에서
우리의 은밀한 님이 숨 쉬고 계십니다

님의 덫

당신은 우리에게
길도 없는 길을 가라 하십니다
한없이 두려워 떨고 있는데도
당신은 그냥 가라고만 하십니다

당신은 우리에게
모든 것을 버리라 하십니다
더 이상 버릴 것 없는 빈손인데도
당신은 그것마저 버리라고만 하십니다

당신은 우리에게
빛이 되어라 하십니다
우리는 우리가 어둠이라는 걸 알고 있는데도
당신은 어둠 속에서 빛이 생겨난다고만 하십니다

당신은 우리에게
욕망을 멈추라고 하십니다
욕망 없이는 삶도 없을 것 같은데도
당신은 결코 채워지지 않는 목마름이라고만 하십니다

둥지를 틀려는 곳마다
태풍으로 흔적도 없이 날려버려
잠시도 쉴 수 없게끔 하는 당신은
이 세상에서 가장 큰 덫입니다

아-
하오나 님이여
영원토록 님의 궁전에 초대하기 위한
자비의 얼굴을 살짝이 가린 당신의 덫은
온 누리에서 가장 깊은 징검다리 사랑입니다

검은 미소

길 잃은 자의 가슴은
악마의 검은 창에 꿰뚫려 있습니다
창을 뽑고 스스로를 치유할 수 있는 힘은
님을 향한 천사의 의지입니다

님 향한 애절한 사투에도 불구하고
악마의 창에 목숨이 끊겨 버린다면
님을 향한 불멸의 의지로 흘러내린
고결한 천사의 피에 대한 보상으로
님 계신 보좌에 한 걸음 더 다가서게 하옵소서

님 향한 천사의 날개짓을 어여삐 여겨
님의 거룩한 존재하심을
길 잃은 자의 가슴에도 허락하신다면
님에게로 가는 길을 재촉하기 위해
죽임의 창을 들이대야만 했던

님의 보이지 않는 왼손
잔인한 악마 속에 숨겨져 있는
님의 검은 미소도 사랑하게 하옵소서

침묵의 향기

님을 사랑한다는 나의 고백에도
님의 심장을 찌르는 나의 저주에도

님을 갖고자 하는 나의 갈증에도
님에게 버림받을까 하는 나의 두려움에도

님을 바라보는 해맑은 웃음에도
님과 헤어지는 애달픈 눈물에도

님은 아랑곳없이
나의 침묵만을 주시하십니다

아-
님의 가장 은밀한 체취
침묵의 향기를 전하기 위하여

당신은 나의 영혼마저도
침묵의 심연 속으로 가라앉게 하였습니다

만남

아득한 시절부터
님은 먼 곳의 존재였습니다
당신을 부르는 피 토하는 절규에도
님은 그림자조차 비치지 않으셨습니다

나의 밖에서
님을 찾을 수 없다면
나의 안에서
님을 찾을 수밖에 없습니다

나 또한 님에게서 비롯되었기에
내 안의 나를 찾는 것이
내 안의 님을 찾는 것입니다

거센 비바람이 한 차례 지나간 후
아침이슬 머금은 푸른 풀잎을 스치며 산책할 때
가슴 가득 번지는 상쾌한 미소는
나의 미소이자 님의 미소입니다

부활

님과 사랑하는 사이
나는 점점 사라져 갑니다

나는 사라져 가는데
님은 점점 가득 차 갑니다

님을 향한 무한한 확장 속에
나의 경계선은 모두 소멸되고

님만 남아
나도 님이 됩니다

텅 빈 충만

그것은
내가 없지만

내가 없는 곳도 없는
새로운 삶의 시작입니다

4부

이화세계

내 안의 神

신은 여전히 죽어 있다

죽은 신을 숭배하는
살아있는 사람들

신이 살아나려는 순간마다
그들은 신을 죽이고 있다

죽은 신은 말이 없기에
그들은 그들의 거짓을 유지하기 위해
매순간 신을 죽여야만 한다

신을 찾기 위해
신의 이름을 파는 사람들에게 가지 마라
그들은 영혼의 사기꾼일 뿐

신은 바깥의 문을 여는 것이 아니라
내 안의 문이 열렸을 때
내 삶과 하나가 되어 가는 것

바깥에서 형상을 가진 모든 신들은
이미 오래 전에 죽은 시체일 뿐

내 안에서 잠자고 있는
신의 씨앗을 일깨우자

신의 시체들이
지배하는 세상이 아닌

신의 자식들이
그들만의 걸음마를 배우고

스스로 걸어 다니는 신으로 성장하는
진정한 신의 뜻을 이루기 위하여

종교

종교는 왜 서로를 사랑하지 않는가

하나님은 불성의 다른 이름일 뿐이고
불성은 도의 다른 이름일 뿐이고
도는 브라흐마의 다른 이름일 뿐이고
브라흐마는 알라의 다른 이름일 뿐이고
알라는 혼의 다른 이름일 뿐인데

달을 본 적 없는 종교인들이
자기들 손가락만 더듬거리고 있다

이제는 이름에 집착하지 말고
고개를 들어 달을 보자

달빛 비친 손가락들이
서로를 보며 한바탕 웃을 수 있도록

바느질

세상을 쉼 없이 갈라온 가위

생장을 위한 분열의 가위질이
여름의 절정에서 한계에 다다르고

다시 뿌리로 돌아가는 계절에
하나로 수렴하는 통합의 바느질

중독

존재계로부터 너무 멀리 와 버린 문명
먹고 살기 위해서 자연으로 충분한 것이 아니라
돈을 가져야만 먹고 살 수 있는 세상

삶 그 자체를 신뢰하였던 순수의 시절은
소유의 문명이 싹트면서 서로를 단절시켜 버렸고
우리는 한 모금의 물을 마시기 위해서라도
아무 의심 없이 돈을 생각할 만큼 중독되었다

처음부터 어느 것 하나 우리들의 것이 아니었거늘
나 자신의 주인 되기는 망각한 채
바깥의 세상을 차지하기 위한 눈 먼 탐욕은
영적인 모든 것들을 파괴하여 왔다

우리 스스로는 너무 멀리 왔다고 생각하지만
다행히 존재계가 아직은 그 자리에 있으니
더 늦기 전에 그 품으로 돌아가
새롭게 태어나야 하리라

우리들의 영혼이 플라스틱 꽃으로 변하기 전에

神人類의 시대

소유가 영성을 시들게 하는 시대가 저물고
사랑이 존재를 춤추게 하는 시대가 밝아온다

영혼과 육체가 대립하는 시대가 저물고
영혼과 육체가 氣와 조화되는 시대가 밝아온다

聖과 俗이 분리되어 있는 시대가 저물고
俗 안에서 聖이 자라나는 시대가 밝아온다

빌려온 플라스틱 언어로 지껄이는 시대가 저물고
저마다의 침묵의 언어가 꽃피는 시대가 밝아온다

죽은 지식과 物性의 시대가 저물고
지성의 혁명을 통한 神性의 시대가 밝아온다

인간이 바깥의 세상에 복종하는 시대가 저물고
인간이 자기 안의 참자아에 복종하는 시대가 밝아온다

천국과 지옥으로 인간을 심판하는 시대가 저물고
인간이 세상 속에서 천국을 건설하는 시대가 밝아온다

신을 만나기 위해 사원으로 가는 시대가 저물고
자기 자신을 만나기 위해 자연으로 가는 시대가 밝아온다

종교와 과학과 정치의 신성불가침의 시대가 저물고
의식의 정상에서 하나되는 시대가 밝아온다

신이 인간을 창조하고 지배하는 시대가 저물고
인간이 신성을 기르고 신과 하나되는 시대가 밝아온다

각성하기

영혼의 각성이 없으면
대통령도 부자도 성직자도
노예의 삶, 거지의 삶, 어둠의 삶

영혼의 각성을 이루면
청소부도 거지도 무신론자도
황제의 삶, 부자의 삶, 빛의 삶

권력과 돈과 지식이
영혼의 자유를 속박하지 않도록
우리 모두 각성하기

天國의 씨앗

문명이 고도로 발달된 지금도
허울 좋은 이기적 명분들을 앞세운 채
사람이 사람을 죽이고 있다
진보한 과학에 비해
믿기지 않을 정도로 더딘 인간의 영적 성장
지금의 인류가 나아가야 할 길은 자명하다
이기적인 마음을 열어
더불어 살아가는 가운데 함께 진화하는 것
삐딱한 사람이
삐딱한 것을 똑바르다고 외치는
삐딱한 세상은 이제 가라
헛된 탐욕의 껍질을 깨고
사랑의 꽃을 피워, 진리의 열매를 맺은 사람이
대통령의 자리에도, 기업경영자의 자리에도
학교에도, 병원에도, 사원에도
그리고 가정마다, 거리마다 흘러넘치는
승격한 지구마을로 가꾸기 위하여
오늘도 상처입은 영혼으로
불타는 精進

긍정의 지성

도덕적이어야 한다는 의식은
얼마나 우리의 몸을 학대하며 갈등해 왔던가

초월하고자 했던 의지는
얼마나 이 세상을 부정하며 회피해 왔던가

대지가 선사한 몸의 소리를 듣지 않은 대가는
우리의 영혼마저 심각한 불구로 만들었고

이 세상을 포기했던 집 나간 방랑자는
결국 어떠한 꽃으로도 피어나지 못하였다

이제는 우리의 도덕과 초월의지가
결코 우리의 육체와 이 세상을 부정하는 것이 아니라

노래하고 춤추며 바다로 흐르는 강물처럼
자연성에 기초한 긍정의 지성을 통하여

신의 그릇인 우리 몸을 신성한 사원으로 일깨우고
초월의 뿌리인 이 세상을 신의 화원으로 가꾸어 가자

하루

떠오르는 아침해를 보며
가슴 속에는 참된 세상을 갈망하는
불타는 의지의 해를 띄우고

낮에는 삶의 풍요로움을 배워가며
척박했던 지혜의 땅을
비옥한 산실의 밭으로 일구어 가고

저녁이면 해와 땅이 만나
교교한 사랑의 어우러짐 속에서
헤아릴 수 없는 별들은 탄생하는데

뽐내는 듯한 창조의 유희가 가당찮은 듯
無心의 밤은 깊어만 가는구나

地上天國

예수님의 모든 노력도
부처님의 모든 노력도
공자님의 모든 노력도
최제우님의 모든 노력도

그리고
ᄒᆞᆫ인님들, ᄒᆞᆫ웅님들, 단군님들의 모든 노력도

이 땅 위에
진정한 하늘나라를 세우시기 위한 것

손가락은 수도 없이 많지만
가리키는 것은 오직 하나

참사람으로 다시 태어나
더불어 참되기를 널리 힘써

지금의 세상을
참세상으로 승화시키는 것

단군조선

내 핏줄 속에 아직도 흐르고 있는 걸까
머나먼 전설처럼 가물거리는 얘깃거리일 뿐인데
내 손끝에는 아직 단군이 잡히지 않는다
옛 땅은 주인이 바뀌었고, 지금 사람들은 옛 모습을 잃었다
움켜잡은 손 틈으로 빠져나가는 연기 같은 시절인데
포기되어지지 않는 질긴 끈은 무엇 때문일까
이 시대 정치의 중심에 사랑이 없듯이
아직은 내 가슴에도 사랑의 꽃이 피어나지 않았다
사람은 꿈을 이루기 위해 살아가고
꿈꾸는 사람은 절망을 뛰어넘는다
사랑이 모든 가치의 중심에 자리 잡은 세상을 꿈꾸기에
그 理想을 이루었던 우리의 선조를 잊지 못하고
지금 다시 한 번 그 이상을 이루고자 하기에
아직은 잡히지 않는 그 시절을 내일로 꿈꾼다
광활한 대륙의 시절을 잃어버린 분단된 지금의 한반도에서
오히려 핏줄이 조금씩 뜨거워져 간다

韓민족의 꿈

허리…
허리가 아프다
나만의 허리가 아니고
우리의 허리가 아픈데
갈라진 허리에도
통증을 느끼지 못하는 너는
끓는 물 속 행복한 개구리인가
이제 더 이상 피가 통하지 않는다면
서로가 반신불구 되어
역사의 조롱거리가 될 것이거늘
무엇을 하고 있는 것이더냐
나의 허리인데
우리의 허리인데
나의 반쪽인데
우리의 반쪽인데
피가 통하지 않는 이념이 아니라
핏줄이 연결된 민족만이 살 길이다
피가 완전히 식기 전에
반드시 이어야만 하는 핏줄

다시 하나가 된 한민족만이
그 높은 이상으로 세계를 영도할지니
한민족이여
가슴에 거대한 꿈을 품어라
그 꿈이 민족을 자라게 하고
자라난 민족이 그 꿈을 이룰 것이다

한민족의 恨

오호라
심성이 착한 사람들이여
그 옛날 나라가 강할 때는
밝은 문화를 이루어 이웃나라에 전하여 주고
마음이 어두운 이웃나라들이 은혜를 망각한 채
서로 주인이라며 한민족 짓밟을 때
애달프고 애달프다 그 고운 심성이여
세상의 고통을 덜어주기 위해서는
그 모든 고통부터 받아들여야만 하기에
마음이 어두운 사람들을
밝은 마음으로 깨닫게 하기 위해서는
그들의 어둠부터 받아들여야만 하기에
아-
자비롭고 크고 밝은 사람들이여
이 땅 위에 진정한 하늘나라를 이루기 위하여
수천 년을 어둠에 짓밟히고 짓밟혀 온 고귀한 恨이여
이제 어둠의 시절이 끝나가는 계절을 맞아
밝은 아침맞이를 위한 사랑의 한풀이를
세상 방방곡곡에서 신명나게 하옵소서

天地花郎의 誓

지금은 비가 없는 하늘이지만
지금은 푸르럼 없는 땅이지만

사막에서 샘솟는 弘益하는 오아시스처럼
사막에서 샘솟는 弘益하는 오아시스처럼

한 방울의 물들이 바위를 뚫듯이
한 알의 씨앗이 숲을 이루듯이

深淵에서 타오르는 한 송이 불꽃처럼
深淵에서 타오르는 한 송이 불꽃처럼

절망과 희망이 공존하는 세상 속에서
참사람이 살아가는 참세상을 위하여

태양의 마음을 깨우친 세 발 달린 새처럼
태양의 마음을 깨우친 세 발 달린 새처럼

뿌리 없는 나무에 꽃이 피는가

끝날 것 같지 않던 겨울 사이로
봄은 살그머니 입을 맞추었고
어느새 목련 가지 가득
하얀 촛불 같은 꽃봉오리들
봄기운은 터질 듯한 꽃봉오리에
탐스럽게도 스미었는데
뿌리가 잘려 나간 우리의 역사는
올해도 꽃피지 않는 봄이련가
민족의 혼을 말살하기 위해
일제의 손에 간택되어진
삼국사기, 삼국유사, 조선왕조실록
그 치밀한 정책 아래 살아남아
지금도 역사의 뿌리를 자르는 너의 영광에
내 슬픈 분노의 눈물을 떨어뜨린다
민족이여, 민족이여, 한민족이여
지금 피는 꽃들은 뿌리 없이 피는 꽃
그 꽃은 본래의 향기가 없다네
민족이여, 민족이여, 한민족이여
민족의 뿌리를 다시 살려야만 한다네
눈부신 봄하늘의 꽃들이 더 이상 슬프지 않도록

ᄒᆞᆫ단고기

수없이 많은 말발굽에 짓밟히고
수없이 많은 병화에 불태워지고
수없이 많은 총칼에 강탈당했어도
하늘민족의 뿌리를 보존하기 위하여
ᄒᆞᆫ단고기
너는 결코 단절될 수 없는 운명이었다
인류가 근원으로 돌아가야 할 시절에
역사의 근원을 밝혀 줄 너의 단초는
한민족이 본래의 모습을 회복하여
理化世界를 이루어 나갈 초석이 될 것이니
민족의 혼이 어찌 타오르지 않겠는가
지금 너를 비웃는 영혼 없는 역사가여
발 디딜 곳을 찾기 어려워지기 전에
마음의 문을 열어야 하리라
역사는 남겨진 것이 전부가 아니라
새롭게 찾아야만 하는 또 하나의 현재이며
머리로 읽혀지는 것이 아니라
가슴으로 영혼으로
뜨거운 피로 느껴지는 것이기에

무궁화

한없이 피고 지는
사랑의 꽃이여

한민족 세계를 이끌 때
그대 함께 춤을 추었고
한민족 어둠에 짓밟힐 때
그대 함께 피눈물 흘렸소

기나긴 시련 속에
그대 어깨도 많이 힘겨울 텐데
미소를 잃지 않는 다정은
성숙한 여인의 황홀한 자태요

오랜 세월을 견디어 낸
한민족의 위대한 사랑씨가
그토록 기다려 온
가을 맞아 열매 맺는 날

세상 가득 익어 가는
달큼한 사랑의 향기 속에서
못다 한 술잔이나 주거니 받거니

한민족의 연인
무궁화여

理化의 꿈

바라보는 곳은
여전히 한 곳이지만

지금 있는 곳은
왜 이리 질편한 건지

내가 부족하기에
있는 곳도 이렇게 질퍽거리지

여태껏 질걱거리면서도
오로지 한 곳만을 바라보았네

어허라
비껴가는 눈물도 한 방울

아하라
잡힐 듯한 미소도 한 송이

질척거리는 시궁창 속에서도
영혼은 진리와 하나됨을 갈망하니

어아라

내 어찌 이 꿈을
마시지 않겠는가

내 어찌 이 꽃을
피우지 않겠는가

開闢前夜

별빛조차 없는 깜깜한 밤

先天을 함께 싸워 온 활은
최후의 과녁만을 남겨 놓은 채
팽팽한 침묵 속에 잠겨 있다

바람 한 점 없이
유난히도 고요한 오늘 밤

모진 시련 속에서도
결코 꺼진 적이 없었던

이화세계를 갈망하는 天地花郞의 정신으로
힘껏 활시위를 당겨

先天을 군림해 온 어둠의 심장을
번개같은 화살로 새하얗게 꿰뚫어

밝아오는 後天의 새로운 태양을
환한 미소로 맞이하리라

天符三印

하늘의 신묘한 진리를 비추어 내는
맑은 거울의 지혜여

땅 끝까지 다사로이 울려 퍼지는
고동치는 북의 사랑이여

사람의 모든 허욕을 단숨에 가르는
불타는 칼의 의지여

세 가지 힘이 하나로 어우러져
밝은 빛 되어 온 누리 비추소서

三足烏

천마산에 올라
소나무 그늘 아래 바위에 앉습니다

눈을 감고
세파에 시달리고 탐욕에 찌든
나의 검은 마음을 꺼내 봅니다

휴우
이 때를 언제 다 벗길까
한숨이 절로 나옵니다

햇빛을 세제 삼아 동해에 담궈
박박 문질러 보고
바람에 훨훨 털어도 봅니다

검은 때가 하염없이 흘러내리고 나부끼지만
신비롭게도 자연은 오염되지 않습니다

환경파괴의 염려가 없으니
나는 매일 천마산에 올라
마음빨래를 하려고 합니다

그러다 보면 내 마음도 언젠가는
나무가 되고 산이 되고
강물이 되고 바다가 되고
바람이 되고 하늘이 되어

마침내 햇빛가루로 부서져
다시 세상 속으로 내려가겠지요

태양의 마음을 깨우친
한 마리 삼족오처럼

神檀樹

하늘의 태양을 동경하면서도
전쟁 같은 삶을 피하지 않고
가슴에 껴안아야만 하는 이유와

매일 전쟁 같은 삶 속에서도
하늘의 태양을 망각하지 않고
뜨겁게 품고 있어야만 하는 이유는

땅 속 깊이 뿌리를 내린 만큼
줄기는 하늘로 높이 치솟아 올라
그 잎이 태양에 가 닿는 나무처럼

삶 속 깊이 뿌리를 내린
태양의 심장을 가진 영혼만이
삶과 태양 사이의 다리가 되어

마침내
자기 안에 감춰져 있던
또 하나의 태양을 밝히기 때문입니다

一意化行

하늘의 뜻을 품고
땅의 정기를 모아
사람으로 태어났으나

마음은 어지러이 날뛰어
타고난 기운을 모르고
쾌감을 좇아가다

몸도
기운도
마음도 병드나니

이제는
마음을 그쳐
숨을 고르고
감각을 초월하여

오로지
性通功完을 위하여
한 뜻으로 나아가자

人中天地一

하나에서 하늘이 열린 후
그 하늘을 본받아
하나에서 땅이 이루어지고
그 하늘과 땅이 어우러져
하나에서 사람이 태어났다

하늘과 땅과 사람이 분화하며
제각각 형상을 갖추어 가되
모든 형상은 어김없이 음양중으로 화한다

하늘은 빛과 어둠으로
땅은 불과 물로
사람은 남과 여로 갈라진 후
다시 하나로 합하니
새로운 하늘과 땅과 사람이 생겨났다

하늘은 사계를 운행하여 시간을 이루고
땅은 사방으로 커져 공간을 만들고
사람은 그 속에서 생장소멸하는 삶을 살아가니
천지인이 조화를 이루어
음양이 번갈아가며 끊임없이 순환한다

우주와 생명이 모두 하나에서 비롯되어
다시 하나로 돌아가는 것이니
천지만물이 생멸하고 변해 가도
본래의 하나는 다함이 없다

인생이란 저마다의 마음 안에서
그 하나를 밝혀야 하는 여정이니
사랑으로 하늘과 땅을 하나로 융합시킬 때
본래의 마음은 태양처럼 밝게 빛나고
영원히 순환하는 하나의 한 주기가 완성된다

性通功完

진리를 향해 타오른 한 줄기 의지는
태양을 가린 욕망의 구름을 꿰뚫고

어둠을 쫓아내는 지혜의 빛줄기는
심신 깊이 박힌 탐욕의 뿌리를 불태운다

무욕의 밝은 모습을 회복한 마음은
그림자마저 사라진 태양의 눈을 뜨고

빛의 사랑으로 각성된 심장은
잠든 세상을 일깨우는 핏줄로 용틀임한다

어둠에 길들어 온 길 잃은 영혼들이
자신 속에서 공명하는 빛의 울림에 감응하고

하늘의 피를 수혈한 개벽의 땅에
마음의 태양을 밝힌 꽃들이 피어난다

귀천무(歸天舞)

초판 1쇄 인쇄 2012년 1월 1일
초판 1쇄 발행 2012년 1월 5일

지은이 | 최재영
펴낸이 | 金泰奉
펴낸곳 | 도서출판 띠앗
등 록 | 제4-414호

편 집 | 김주영, 김미란, 김수정, 이혜정
마케팅 | 김영길, 김명준
홍 보 | 김태일

주 소 | (우143-200) 서울시 광진구 구의동 243-22
전 화 | (02)454-0492(代)
팩 스 | (02)454-0493
이메일 ddiat@ddiat.co.kr
홈페이지 www.ddiat.co.kr

값 6,000원
ISBN 978-89-5854-087-8 (03810)